Alfred Fouillée

L'Individualisme et le sentiment social en Angleterre

Essai

ISBN : 978-1544217703

10 9 8 7 6 5 4 3 2 1

Alfred Fouillée

L'Individualisme et le sentiment social en Angleterre

Essai

Table de Matières

Introduction

Le mot d'individualisme est pris dans des acceptions très diverses, parfois opposées, et il importe de s'entendre sur la valeur de ce terme. L'individualisme dont nous voulons parler ici pourrait se définir, au point de vue de la psychologie, le penchant à développer en soi, avec le plus d'intensité possible, et à faire dominer au dehors, avec le plus d'extension possible, sa propre individualité. Or, ce qui constitue surtout l'individu, c'est une énergie de volonté et d'activité débordante, qui se pose devant autrui avec une indépendance fière, avec un esprit de lutte et de « combativité, » refusant toujours de céder et prétendant toujours vaincre. Cette forte personnalité entraîne nécessairement une conscience non moins forte de son *moi* et un sentiment parallèle de complaisance en ce moi. Elle entraîne aussi un sentiment profond de la responsabilité personnelle, l'habitude de compter sur soi et de ne répondre qu'à soi-même de ses actes. Sous certains rapports, tel néo-Latin indiscipliné et frondeur peut sembler plus individualiste que l'Anglo-Saxon ; mais une volonté vraiment énergique n'exclut pas l'obéissance à la règle, qui, tout au contraire, exige la maîtrise de soi ; et d'autre part, indiscipline, mobilité, facilité à l'oubli de la règle, difficulté de fournir une obéissance soutenue et patiente, habitude de compter sur autrui, de songer toujours à autrui, de se décharger au besoin sur autrui de sa responsabilité propre, tout cela ne constitue pas un individualisme positif, fondé sur la force et l'énergie personnelle ; c'est plutôt cet individualisme négatif, par manque de volonté et d'empire sur soi-même, comme aussi par manque d'union avec autrui, dont on a fait plus d'une fois une si vive critique. Jusqu'à quel point l'individualisme positif est-il une des qualités fondamentales de l'esprit anglais ? Cette qualité exclut-elle ou, au contraire, favorise-t-elle un développement de plus en plus manifeste du sentiment social en Angleterre ? Quelles sont les origines ethniques et psychologiques de cette double tendance, qui forme une apparente antithèse pour l'observateur, et quelles en sont les conséquences dans les diverses manifestations de l'esprit anglais ? Ce sont là autant de problèmes qui offrent pour nous un intérêt vraiment actuel. Les vieux chroniqueurs du continent, ignorants de l'avenir, ne voyaient dans les insulaires saxons que des

Alfred Fouillée

« barbares illettrés, lents par tempérament et par nature, rebelles à la culture et tardifs dans leur développement. » Ils avaient grand tort de les dédaigner ! Aujourd'hui on tend plutôt sur le continent, surtout en France, à un sentiment contraire : l'admiration pour l'Anglo-Saxon. Rappelez-vous les deux ouvrages de M. Démolies, mélange étonnant de vérités et de paradoxes, et celui de M. G. Ferrero sur l'*Europa giovane*, qui est l'hymne d'un Latin à la race anglo-saxonne, sans parler des livres de MM. Gustave Lebon, de Lapouge, Max Leclerc, des *Études de philosophie et d'histoire* de M. Sarolea, enfin des intéressants et vivants *Souvenirs d'Oxford* que vient de publier M. Jacques Bardoux. Le premier psychologue de l'Amérique contemporaine, M. William James, dans la *Psychological Review* de mars 1897, fait observer que les étrangers, et notamment les Français, s'occupent à idéaliser les Anglo-Saxons au moment même où ces derniers, en Angleterre et surtout en Amérique, sont beaucoup moins enthousiastes sur leurs principes traditionnels de conduite et commencent à les avoir en suspicion. *Nemo sorte sua contentus !* Au philosophe incombe la tâche d'être, autant que possible, juste pour tous les peuples. La difficulté est que. les Anglais étant à la fois très personnels dans leur individualisme et très semblables entre eux par leur vif sentiment de solidarité nationale, tout ce qu'on dit deux peut être contesté au nom d'exemples particuliers. Et cependant, comment nier qu'il y ait en Angleterre, plus encore qu'ailleurs, des traits communs de tempérament, d'éducation morale et sociale, de tradition historique, qui aboutissent à des courants déterminés d'avance et par où les individus, quelque originaux ou même excentriques qu'ils soient, sont d'abord obligés de passer ? C'est ce qui fait que nous trouverons tout ensemble en Angleterre et de si fortes personnalités et une telle puissance d'association pour des œuvres impersonnelles.

Section I

On a voulu chercher l'explication de l'individualisme anglais, tel que nous l'avons défini, dans le mélange spécifique des races qui ont peuplé la Grande-Bretagne. L'ancienne couche ligure fut recouverte par l'élément celte, qui d'ailleurs en est voisin et auquel se mêla de bonne heure l'élément Scandinave. Tacite distingue déjà les Calédoniens, grands et à cheveux roux, des Silures à cheveux noirs. Aujourd'hui, la Grande-Bretagne est partagée entre les éléments liguro-celtiques et les éléments germaniques, mais ceux-ci ont conservé un notable avantage. Le type brun à tête large reprend cependant le dessus dans les villes, depuis plusieurs siècles, et finira par exercer son influence envahissante. Le mélange de sang celto-ligure et de sang germain, qui, pour l'anthropologie, rend la Grande-Bretagne si analogue à la Gaule antique, est peut-être la raison pour laquelle le tempérament anglais, quoique souvent flegmatique, est plus nerveux que celui du Germain pur. La race anglo-saxonne est la première du monde pour la taille (classe ouvrière : 5 pieds anglais 9 pouces 1/4), après les Polynésiens et avant les Patagons. Cette race est aussi la première entre les nations civilisées pour le poids du corps, pour la capacité pulmonaire, pour la force physique. C'est un superbe spécimen du sanguin flegmatique et nervo-moteur.

Bien qu'il soit vraisemblable, comme on l'a soutenu, que des Sardes, mis en Angleterre à la place des Anglo-Saxons, n'eussent pas mieux su profiter de la situation géographique qu'ils ne l'ont su en Sardaigne, nous croyons que les considérations ethniques sont insuffisantes pour expliquer et le caractère et l'histoire d'un peuple : l'Angleterre en est la preuve. Entre la Grande-Bretagne, la Gaule et la Germanie, il y avait jadis analogie de composition : deux énormes couches de Celtes et d'hommes du Nord, avec une addition plus notable d'éléments méditerranéens en Gaule. Il faut donc chercher d'autres facteurs du caractère ; et ces facteurs ne se peuvent trouver que dans le milieu physique et surtout dans le milieu social.

Taine, à la suite de Montesquieu, a insisté outre mesure sur les effets du climat. Tout ce qu'on peut accorder d'abord, c'est que le ciel humide et froid de l'Angleterre a renforcé les influences qui font de l'acquisition d'un certain bien-être individuel le but le plus nécessaire pour tous. On a calculé que la nourriture d'un seul Anglais suffirait à une famille de huit personnes en Grèce. Il est des pays démens où, grâce au beau ciel, à la facilité de vivre, à la sobriété des besoins, la misère même n'a rien qui dégrade, ni au physique, ni au moral : le bien-être y étant en quelque sorte naturel,

Alfred Fouillée

on a le temps d'être artiste. Il n'en saurait être de même sous un ciel glacé et brumeux, où les besoins sont grands, les chauds vêtements nécessaires, où l'abri est difficile à se procurer, où la pauvreté se traduit par des dehors repoussants et, au dedans, par une sorte de dénuement intellectuel, d'avilissement social et moral. Dans de telles contrées, l'utile et le bon se rapprochent parfois au point de se confondre ; il y a un certain bien-être inséparable du bien-faire, une indépendance matérielle sans laquelle, au sein d'une société civilisée, sont compromises l'indépendance morale et la liberté de l'individu. Il ne faut donc pas juger l'utilitarisme et l'individualisme anglais d'après la même règle que l'égoïsme vulgaire : ils ont souvent leur principe dans un intérêt bien entendu qui peut se fondre, en définitive, avec le sentiment de la dignité personnelle et qui n'exclut nullement la solidarité sociale.

La situation insulaire devait aussi exercer une grande action et sur les destinées et sur l'esprit du peuple anglais ; elle tendait à l'isoler en soi. D'une part, elle l'obligeait à une fusion plus rapide et plus complète de ses éléments intérieurs, qui devait produire plus vite un caractère un et homogène ; d'autre part, elle empêchait à l'extérieur des communications qui auraient eu pour résultat une sociabilité plus étendue. Les Anglais n'ont communiqué avec le continent que pour s'efforcer d'y conquérir du territoire ou y faire du commerce. La Grande-Bretagne a un vaste développement de côtes, avec des estuaires de fleuves qui rendent ses ports difficiles à attaquer. Dans son sol, le fer et la houille abondent. Bien n'était donc plus naturel aux habitants que de se tourner vers le négoce et, plus tard, vers l'industrie.

Pour bien comprendre la direction et le développement propre du caractère anglais, il faut se rappeler que la race germanique, dont les Anglo-Saxons étaient une branche, a fini par présenter une double antithèse, qui est devenue sa marque distinctive : intérieurement, contraste du réalisme et d'un certain idéalisme mystique ; dans les rapports sociaux, conciliation de l'individualisme et du goût pour la subordination hiérarchique. Les Anglo-Saxons avaient sans doute les mêmes tendances que les autres Germains, mais leurs penchants furent modifiés d'abord par l'influence celtique et normande, puis par les conditions de leur développement national. Quoique capables aussi de mysticisme et d'idéalisme, les Celtes ne poussent pas l'intensité de l'absorption intellectuelle jusqu'à oublier entièrement la vie pratique. D'autre part, l'influence normande était celle d'esprits fermes et fins, ayant une raison solide et peu portée aux chimères, une volonté entreprenante et persévérante en vue de « gaigner. »

Si d'ailleurs il est vrai que, des deux termes de l'antithèse germanique, sens réaliste et sens idéaliste, le premier s'est développé au plus haut point en Angleterre, ce n'est pas à dire que l'autre ait pour cela disparu. Tant s'en faut ; mais les deux se sont attribué des domaines séparés. Dans la pratique et dans le domaine de l'intelligence pure, l'Anglais est resté positif ; dans la poésie, nous le verrons conserver le sens germanique de l'idéal, sans d'ailleurs perdre pour cela celui du réel. M. Darmesteter nous montre Shakspeare aussi entendu en affaires qu'inspiré en poésie. Au moment où le poète écrit le monologue d'Hamlet, il achète, pour 200 livres, 107 acres dans la paroisse d'Old-Stratford ; vers 1604, il fait errer le roi Lear dans la tempête et il intente un procès à Philip Rogers en payement de 1 livre 11 shillings 10 deniers, prix de malt à lui vendu et non payé ; en 1605, il rêve à lady Macbeth et à la tache de sang que l'Océan ne pourrait laver, et il afferme pour 440 livres les redevances de Stratford, Old-Stratford, Bishopton et Wilcombe. Voilà l'Anglo-Normand, avec les deux parts de son âme et de sa vie. Mais il ne faut pas oublier qu'un Victor Hugo a pu offrir en France les mêmes contrastes, plus fréquents toutefois en Angleterre.

Quant à l'antithèse de l'individualisme avec le goût de la subordination sociale, elle est devenue plus manifeste chez l'Anglais que chez l'Allemand. Le grand événement qui modifia l'individualisme des Anglo-Saxons, leur donna une marque propre, introduisit dans leur histoire l'esprit politique et le sentiment de solidarité sociale par lequel ils s'opposèrent aux autres peuples germains, ce fut leur conquête par les Normands. Faut-il encore voir là simplement, avec Taine, un mélange de races, un effet de croisement ethnique ? Non. Les Normands, d'abord, n'étaient pas de race si différente. De plus ils étaient peu nombreux. Leur action fut donc surtout politique et sociale. Les Normands se partagèrent leur conquête ; Guillaume distribua terres, maisons, abbayes ; les lois les plus dures maintinrent la soumission. Les Normands avaient un esprit dominateur et organisateur ; ils n'étaient pas hommes à laisser se relâcher les liens de la subordination. En outre, pour leur résister et disputer ses droits, il fallait s'unir : l'esprit d'association pénétra donc peu à peu dans la nation anglaise. Ainsi se dessina la différence entre l'Angleterre et l'ancienne Allemagne. Là, une forte organisation franco-normande empêcha l'individualisme de rester à l'état d'isolement, d'éparpillement, de dissociation ; ici, l'unité fut tellement lente à se faire, qu'elle ne s'est faite que sous nos yeux et en partie par nous. Les Normands, d'esprit vif et clair, positif autant qu'aventureux, ne reculant pas devant la perfidie quand il s'agissait de leurs intérêts, achevèrent d'imposer aux Anglo-Saxons ces préoccupations pratiques et utilitaires que favorisait déjà, comme nous l'avons vu, leur situation géographique.

Section II

Toutes les influences que nous avons précédemment énumérées ont eu pour résultat final le caractère anglais, tel qu'il nous apparaît aujourd'hui en son originalité propre. La sensibilité, chez l'Anglais comme chez l'Allemand, est moins fine et plus renfermée en soi que chez le Français ou l'Italien. C'est le résultat de ce tempérament flegmatique dont nous avons vu la naturelle harmonie avec le climat de la Grande-Bretagne. Les contrées froides et humides ne laissent guère subsister, par sélection, que des natures fortes et rudes, peu sensibles à l'action du dehors. Leur système nerveux répond aux choses par des vibrations moins promptes, moins délicates, et moins variées. Comment les instruments de la perception pourraient-ils s'affiner sous un ciel sombre et monotone, où l'organisme est obligé d'être toujours sur la défensive, prêt à repousser plutôt qu'à laisser entrer des influences hostiles ? Les sens perceptifs demeurent donc moins délicats et moins riches en nuances. Seuls les sens vitaux acquièrent de la force ; le plaisir de manger ou de boire, celui d'exercer ses muscles et d'agir compensent le manque d'impressions plus désintéressées, plus « dilettantes » et plus « artistiques. » Sensible au confortable, l'Anglais l'est beaucoup moins aux belles formes et à l'élégance extérieure ; comme l'éducation de ses sens, son goût laisse souvent à désirer. Il préfère les jouissances solides et profondes à ces jeux changeants de perceptions fines que favorise, dans d'autres pays, une nature toute baignée de lumière, invitant les yeux à une fête perpétuelle. En même temps que la sensibilité est plus obtuse, elle est aussi plus lente. Les nerfs moins tendus vibrent moins rapidement ; il faut de fortes impressions pour obtenir en échange des phénomènes d'expression. De là un calme général et même une certaine lourdeur. Une fois excitées, les passions de l'Anglais ont de la force, souvent même de la violence ; elles ont surtout de la durée. Concentré et non expansif, l'Anglais individualiste ne communique pas aisément ses impressions, mais il a beau, sous les dehors de la froideur, cacher ce qu'il éprouve, il affecte plus de flegme qu'il n'en a réellement.

L'humeur générale de l'Anglais subit l'influence d'un ciel tantôt gris et voilé, tantôt tempétueux, qui inspire la mélancolie ou la tristesse. Malgré cela, les hérédités de race demeurent ici plus importantes que le climat, puisque nous voyons, sous les mêmes nuages et au milieu des mêmes tempêtes, l'Irlandais conserver quelque chose de l'insouciance et de la belle humeur galliques. L'Anglo-Saxon, lui, a plutôt l'imagination sombre du Germain. Froissart disait des anciens Saxons : « Ils se divertirent moult tristement, à la mode de leur pays. » « Les plaisirs mêmes de l'Anglais, dit Bain, ont en eux je ne sais quoi de triste. » Pourtant, le reste d'éléments celtes qui tempèrent les éléments germains, joint aux traditions d'activité énergique en vue d'intérêts positifs, empêche l'Anglais de verser aussi facilement dans le pessimisme que l'Allemand songeur et contemplatif. L'action ramène toujours la pensée sur terre ; elle impose un but précis, auquel on s'intéresse ; par cela même, elle donne du prix à l'existence. L'Anglais n'a guère le temps de s'attarder aux lamentations sur la vie ; souvent même son utilitarisme se tourne en un optimisme naïf : habitué à considérer le bonheur comme la fin suprême, il faut bien qu'il croie tout d'abord à la possibilité du bonheur. Un livre comme celui de John Lubbock, où nous voyons dressé minutieusement, à la manière de Bentham, le bilan de toutes les joies de la vie, ne pouvait être écrit que par un savant anglais. Aux poètes sont réservées les grandes visions pessimistes ; chez les autres, elles traversent l'imagination sans produire un effet durable. Pour quelques-uns, sans doute, l'oisiveté engendre le spleen, mais le travail, ce lot du grand nombre, guérit les blessures de la pensée. En somme, la sensibilité anglaise est la

Alfred Fouillée

sensibilité germanique, mais plus individualisée encore et offrant, grâce à une vie plus active et plus utilitaire, une forme moins sentimentale et moins mystique.

La direction générale des sentiments, chez l'Anglais, est vers l'intérieur ; son centre, c'est sa propre personnalité. Aussi le moi anglais, très développé, s'affirme-t-il avec énergie ; il n'entre ni facilement, ni rapidement dans l'âme et les sentiments d'autrui. Non qu'il soit incapable de sympathie, loin de là ! quand il réussit à se mettre par la pensée à la place des autres, — ce qui exige un certain temps et un certain effort, — il souffre ou jouit en eux ; les pôles de l'intérêt, renversés, produisent la bienveillance et la bienfaisance la plus active. Dans aucun pays la bourgeoisie et l'aristocratie ne sont aussi généreuses pour les œuvres de charité et d'intérêt public.

La nature de la sensibilité et de l'imagination influe sur celle de l'intelligence. Grâce au calme habituel et à la lenteur du tempérament, l'intelligence anglaise a un caractère sérieux et réfléchi. Là où les sens ne sont pas toujours, comme dirait Descartes, chatouillés par les plaisirs extérieurs, il se produit un retour de la pensée qui la fait rentrer en elle-même. Si l'Anglais n'a pas la facilité d'intuition et le coup d'œil rapide qui distingue les tempéraments plus nerveux, il a en revanche la faculté d'attention soutenue et de concentration profonde. Le premier résultat est le besoin de s'attacher au fond plutôt qu'à la forme. Ce ne sont pas les belles ordonnances, les symétries d'idées, les dessins intellectuels, encore moins les arabesques de l'imagination, qui charmeront des têtes parfois un peu lourdes et médiocrement impressionnables aux choses du dehors. Ces têtes ne penseront pas pour le seul plaisir de penser, elles ne raisonneront pas pour se complaire à aligner des raisons en bon ordre, mais pour atteindre un but et accomplir un travail utile. Dès lors, c'est moins la beauté qui importera que la vérité ; et la vérité même devra finalement se trouver dans la réalité. Le goût du réel, tel qu'il est, avec ses laideurs comme avec ses beautés, avec ses dissonances comme avec ses harmonies, avec tous ses contrastes et sa complexité obscure, est caractéristique chez les Anglais comme chez les Germains ; ils n'éprouvent pas le besoin d'ordonner les choses pour le plaisir de l'œil ; arranger, pour eux, ce serait déranger.

Section II

Pourtant, ce fond commun d'intelligence sérieuse et sincère a produit, en Allemagne et en Angleterre, des formes d'esprit très différentes. Là, on a eu le temps, après avoir mis en pratique le *primo vivere*, d'ajouter le *philosophari*. Ici, outre l'influence celte et normande, le tourbillon de la vie active, — industrie, commerce, politique, — a déterminé autrement la direction habituelle de l'intelligence. Quoique capable des longs raisonnements, l'Anglais a dû se tourner vers l'expérience. Au lieu de spéculer à perte de vue comme le Germain, il observe ; au lieu de déduire, il induit ; aux vastes synthèses, aux généralisations, aux abstractions, il préfère l'analyse patiente des faits particuliers et concrets. Il ne se laisse pas prendre, comme l'alouette française, au miroir des systèmes. Sa vue nette et précise saisit le détail ; elle se défie des trop vastes horizons. Bacon parle en Anglais lorsqu'il dit : « Il arrive souvent que de basses et petites choses en expliquent de très grandes, beaucoup mieux que les grandes ne peuvent expliquer les petites. » Ainsi, dans un milieu nouveau et avec un but nouveau pour son activité, le vieux Germain est devenu éminemment positif.

Dans le domaine des faits, l'Anglais est un chercheur incomparable. Son éducation, depuis des siècles, l'a toujours tourné de ce côté ; son esprit est entré dans le moule. Il a un goût naturel pour collectionner des faits; toute sa vie il en collectionne. Qu'il soit chez lui ou à l'étranger, il remarque, il note. L'Anglais dit : Il faut être bien informé, *well informed*, et pour cela voir de ses yeux ; le Français dit : Soyons au courant ; — un courant qui le roule avec les autres, voilà son idéal. L'orientation finale du vieil esprit germanique vers l'utilitarisme intellectuel chez les Anglo-Saxons est la preuve de l'influence qu'exercent le milieu social, les idées régnantes, les traditions historiques. La tête anglaise est devenue le premier des appareils enregistreurs. Le Français intellectualiste joue très souvent avec les notions et les déductions, qui le charment indépendamment des résultats pratiques ; il est artiste en idées. Si ses raisonnements se tournent en actes, c'est qu'ils ont éveillé en lui une de ses passions fondamentales ; il les réalise alors immédiatement, par une sorte d'impulsivité. Tout autre est, chez l'Anglais, le rapport de la pensée à l'acte. Ici, ce n'est pas le besoin de penser qui domine, c'est le besoin d'agir. Penser, pour l'Anglais, s'exprime même souvent par le mot réaliser, *realize*. Arrivé au bout

Alfred Fouillée

de son raisonnement, l'Anglais ne s'arrête pas satisfait ; la conclusion intellectuelle n'est pour lui qu'un commencement, un principe d'action. Ce qui l'intéresse dans cette conclusion, ce n'est pas sa généralité, ni même sa vérité purement abstraite ; c'est la réalité future dont elle n'est que le premier moyen et qui, elle, constitue la fin. Il n'a donc pas besoin de se passionner actuellement pour le principe de conduite qu'il a une fois adopté ; il n'a pas besoin d'être de nouveau entraîné par l'explosion des sentiments corrélatifs aux idées ; il s'entraîne lui-même, en vertu d'un besoin d'agir constant et d'une volonté d'agir constante. Toutes ses conceptions sont déjà des convictions pratiques, des règles de conduite auxquelles il se conformera sans se laisser détourner ; ce sont des instruments de travail aussi résistants et immuables que la pioche et la charrue du laboureur.

C'est par la volonté, cette faculté fondamentale et pour ainsi dire organique, que l'Anglais rappelle le plus fidèlement la race des vieux Germains ; — volonté ferme, opiniâtre, patiente et persévérante, telle qu'on la peut attendre d'organisations à la fois robustes et équilibrées. À un plus haut degré que l'Allemand, l'Anglais possède l'audace entreprenante et le goût de l'initiative. Sous ce rapport il a quelque chose des anciens Scandinaves et Normands, si amoureux des aventures. La volonté grise, dit Victor Hugo, en parlant des travailleurs de la mer. Cette griserie, l'Anglais la connaît. Il aime tout ce qui est puissance et force, ou tout ce qui en a l'aspect. Il a la plus profonde estime pour la volonté énergique et surtout constante, pour tout ce qui est dessein suivi. Il préfère un homme très imparfait, borné pur certains côtés, mais dont on peut prévoir la conduite et sur qui on peut compter, à un bel esprit qui joue le rôle de moulin à veut. Être indépendant, être confié de bonne heure à soi-même ; voilà l'idéal de l'Anglais : *self help*. L'auteur de *Tom Brown's School Days* nous montre jusque chez les enfants le plaisir silencieux, cher à tout Anglais, d'endurer, de résister, de lutter contre quelque chose et « de ne pas céder. » Peu précoce, peu vif, l'enfant anglais a déjà l'initiative et la ténacité. Il est souvent indomptable, parfois brutal. De là l'emploi des verges. Les professeurs mêmes d'Angleterre font généralement un cas médiocre de l'instruction, un très grand cas du caractère. C'est ce qui ressort des fines observations faites à Oxford par M. Jacques

Section II

Bardoux. Rappelons aussi que le prince Albert, chargé par la reine de fixer les conditions d'un prix annuel décerné par elle au collège de Wellington, décida qu'il serait accordé non à l'élève le plus instruit, mais à celui « dont le caractère serait jugé le plus élevé. » Chez nous, dit M. G. Le Bon, « le prix eût été certainement accordé à l'élève qui eût mieux récité ce qu'il avait appris dans ses livres. »

Plus on agit, plus on veut agir ; plus on gagne en agissant, plus on veut gagner. De là cette sorte d'activité insatiable et ambitieuse qui appartient à l'Anglais. Il n'a pas la prudence du Français ; il ne limite pas ses désirs, il veut gagner beaucoup pour dépenser beaucoup, et il dépense fréquemment tout son revenu. D'où la nécessité de travailler énormément et d'habituer ses enfants à travailler de même. Il pourvoit à l'avenir non par des épargnes, mais par des dépenses qu'il juge fructueuses ; telle est, par exemple, l'instruction donnée aux enfants et qui les rendra capables un jour de se suffire. L'Anglais pose en principe que ses enfants, sauf peut-être l'aîné, doivent être les artisans de leur propre fortune ; il ne songe point à se priver pour doter ses filles ou pour laisser du bien à ses fils. D'ailleurs ses enfants sont trop nombreux, il faut qu'ils se tirent eux-mêmes d'affaire. Chacun pour soi.

Dans sa moralité, l'Anglais n'est pas gouverné par un sentiment, — tel que celui de l'honneur ou l'instinct de sociabilité, — mais par la loi religieuse de la conscience ou par la considération humaine de l'intérêt bien entendu. Tout homme doit faire effort pour être utile à soi-même et aux autres, voilà le principe de conduite. La vie n'est pas un jeu, la vie est sérieuse, *Ernst ist das Leben*, a dit Carlyle. Dans ses beaux moments, l'Anglais réalise ce qu'on a appelé la conception héroïque de la vie ; de même qu'il a lutté contre les puissances adverses de la nature extérieure, « il lutte dans son for intérieur contre des puissances ennemies plus formidables [1]. » L'Anglais éprouve plus aisément que nous les sentiments de respect et de mépris. Nous, profondément égalitaires et volontiers niveleurs, nous ne savons guère ce qu'est la vénération pour ce qui est au-dessus de nous-mêmes, et nous avons souvent trop d'indulgence pour ce que d'autres n'hésitent pas à déclarer méprisable.

Le respect de la règle des mœurs, quand il demeure extérieur, a pour écueil l'hypocrisie, tant de fois reprochée aux Anglais. Il est facile de tourner en dérision le *cant* britannique, mais il faut aussi

Alfred Fouillée

en reconnaître le bon côté. Cette préoccupation de ne pas livrer ses vices en exemple aux autres, à commencer par les enfants, de respecter extérieurement et publiquement les convenances sociales, de rendre ainsi « un hommage indirect à la vertu, » ne semble pas à l'Anglais méprisable ; il n'accordera pas que le cynisme soit supérieur. Dans les relations individuelles, l'hypocrisie lui paraît sans doute non moins odieuse quelle ne le semble aux autres peuples ; mais quand il s'agit des relations sociales, il ne juge pas moral de faire parade d'immoralité, parfois d'une immoralité qu'on n'a point. La théologie catholique elle-même, qui enveloppe une psychologie profonde, n'a jamais méconnu ni la force du « mauvais exemple » ni le danger du « scandale, » et elle a toujours préféré un respect au moins extérieur à l'absence de tout respect et de toute honte. L'exemple, avait dit aussi Cicéron, fait autant de mal que la faute.

Il est d'ailleurs incontestable que l'Anglais a les défauts de ses qualités. Son indépendance l'expose à l'égoïsme, son sentiment du moi à l'insociabilité, son esprit d'originalité à l'excentricité ; son positivisme au culte du fait et du succès, de la puissance et de la richesse, au mépris du faible et du pauvre, alors même qu'il vient à leur secours. En outre, l'attitude individualiste, devant autrui, engendre l'orgueil, qui méprise l'opinion des autres, comme l'attitude en quelque sorte sociale engendre ailleurs la vanité, qui vit pour l'opinion des autres. L'orgueil peut aboutir à l'insolence, comme la vanité à trop de complaisance ; l'un fait des Alcestes et l'autre des Philintes. Kant avait déjà noté plusieurs de ces traits. De bonne heure, dit-il, l'Anglais apprend qu'il doit « se faire un caractère » et un caractère à *lui*, tout au moins « affecter d'en avoir un. » — « L'affectation d'un caractère, ajoute Kant, est précisément le caractère le plus général du peuple britannique, » tandis que le Français sociable tend plutôt à effacer le sien devant les autres.

Section III

Et cependant l'Anglais, quoique moins sociable de tempérament, sait beaucoup mieux que nous s'associer à autrui. Il conserve d'ailleurs son individualisme jusqu'au sein des diverses associations dont il peut faire partie. Sa sociabilité n'est pas du même genre que celle du Français. Elle n'est pas une affaire de sentiment, mais, pour ainsi dire, de raison et d'action ; ce n'est pas par besoin et goût inné de compagnie que l'Anglais s'unit à tels et tels, mais parce qu'il juge nécessaire de travailler en commun à une fin utile. De bonne heure, les habitants de la Grande-Bretagne se sont rendu compte de la force de l'association ; dès le moyen âge nous les trouvons groupés en sociétés qui, de Londres et des principales villes du royaume, nouent des relations suivies avec toute l'Europe occidentale. Ce sont des relations d'affaires, de commerce et d'industrie. S'ils s'habituent à former des corporations, c'est toujours pour un objet positif et restreint.

Cette habitude de s'associer en vue d'un but quelconque, soit d'utilité, soit de charité (ce qui est encore considéré comme une utilité supérieure), s'est conservée à travers les siècles. Elle n'est pas seulement favorisée par le sens pratique de l'Anglais ; elle l'est encore par son intelligence réfléchie et ses sentiments calmes, qui lui permettent d'écouter la contradiction, de discuter avec sang-froid sur des intérêts, de ne pas faire dégénérer une assemblée en une mêlée, un *meeting* en bataille. Les Anglais, dans leurs réunions, ne déclament pas pour déclamer ; leurs nerfs restent calmes et l'idée du but domine tout. Ils savent alors agir en corps sans que personne opprime personne ; ils unissent leurs individualités sans les absorber dans les groupes et, généralement, sans abdiquer leur liberté propre. Par ce sens pratique de la libre subordination, ils se montrent supérieurs non seulement aux Français centralisateurs, qui, dès qu'ils se sentent en nombre, deviennent trop volontiers oppresseurs des minorités, mais encore aux Allemands, qui n'ont su que de nos jours, avec un vrai génie positif, subordonner leur moi à quelque but commun, et qui étaient restés si longtemps dans une sorte d'anarchie.

La première des associations où l'Anglais manifeste son double pouvoir d'individualisme intense et d'entente pratique avec autrui, c'est la famille. Dès la période de l'heptarchie anglo-saxonne nous voyons la famille fortement organisée ; l'unité territoriale est l'étendue de terre nécessaire à l'entretien d'une famille, *hyde*. Les Saxons étaient groupés en communautés de famille ayant même origine ou mêmes intérêts ; ce fut le germe des communes. Les

Alfred Fouillée

pays dont le ciel est clément invitent à une vie extérieure plus ou moins dissipée en occupations ou plaisirs faciles, parfois en amours et galanteries ; l'inclémence du climat, au contraire, favorise davantage le goût de la vie intime, du foyer où est le seul véritable abri, du bonheur régulier et sûr près de la femme et des enfants. D'autre part, le tempérament moins vif et plus stable est moins enclin à l'inconstance des amours. Guichardin disait des peuples du Nord : « Ils ont l'adultère en horreur. Leurs femmes sont extrêmement sages, et cependant on les laisse très libres. » Toute la littérature anglaise exprime cette aversion pour l'adultère ; elle n'admet rien qui puisse porter atteinte à la sainteté du lien conjugal. L'individualisme anglais se retrouve dans la manière même dont ce lien s'établit. Chez nous, où tout est organisé en vue de la société et de l'opinion, le mariage n'est pas entièrement laissé à l'appréciation des personnes intéressées. La famille n'étant guère conçue en dehors du milieu social, on ne se marie pas exclusivement pour soi, mais aussi pour les autres, pour les parents, pour la société dont on fait partie. L'inclination individuelle n'est qu'une première base, qui parfois manque ; la raison intervient, pour apprécier toutes les convenances de famille et d'intérêts. De là le contraste, tant de fois noté par les observateurs et souvent exagéré par eux, entre « le mariage anglo-germanique d'inclination » et « le mariage français de convenance. » Malgré le bel idéal du *home* anglais, la famille française, selon M. Hillebrand, est généralement « plus heureuse ; » elle a tous ses membres plus unis et plus longtemps que les autres familles, parce qu'elle est « l'œuvre de la tendresse paternelle, de l'instinct social et de l'intelligence organisatrice. » La famille germanique, au contraire, surtout la famille anglaise ou américaine, se dissout très souvent par l'émancipation des enfants et la fondation de nouveaux foyers. D'ailleurs, nous l'avons vu, le nombre même des enfants y est si grand que l'affection des parents se trouve naturellement dispersée et prend souvent un caractère provisoire. La famille anglaise est une monarchie, le père y est souverain, ses décisions ne sont pas contestées ; avant d'être aimé, il est et veut être respecté. Maître de ses biens, les dépensant ou les donnant à qui lui plaît, l'Anglais a l'autorité et le prestige de l'ancien *paterfamilias* romain. Le manque de profonde affection paternelle chez maint Anglais se montre souvent dans sa conduite

Section III

envers ses enfants ; il les garde à la maison jusqu'à ce qu'ils arrivent à l'âge de sept ou huit ans au plus, puis, quelque riche qu'il puisse être, il les envoie dans les maisons des autres. L'Anglaise même est épouse plus qu'elle n'est mère; la Française est mère plus qu'elle n'est épouse [2]. Si le mari a une grande capacité d'agir, la femme a une grande capacité de supporter : l'un est actif, l'autre est plutôt passive, quoique sachant aussi, à l'occasion, s'associer aux travaux et aux périls de son mari. La famille anglaise ne s'étend pas, comme la nôtre, à toute une foule de proches : « À quoi bon des cousins ? disent les Anglais, ce sont des amis gênants. Les vrais amis sont ceux qu'on peut choisir. » Entre les frères eux-mêmes, le lien n'est pas aussi étroit qu'en France ; sans être ennemis, ils vivent souvent étrangers l'un à l'autre. L'individualisme extrême a restreint l'esprit de famille en Angleterre. Ce n'est plus cette communauté d'esprits et de cœurs qui fait que chacun vit dans tous les autres et pour tous les autres.

Dans le domaine politique, l'individualisme anglais, joint à l'entente de l'association, devait aboutir à ce régime de liberté qui est un des principaux titres de gloire de l'Angleterre. Non que, par une sorte de culte idéal, on attachât d'abord du prix à la liberté pour elle-même, mais on y voyait la sauvegarde de l'intérêt individuel ou de l'intérêt des corporations. Souvent étroites et jalouses, celles-ci servirent la cause de la liberté, mais seulement plus tard et contre leur primitive intention. Tandis que les classes rurales tombaient dans une misère voisine de la servitude, les classes marchandes s'organisaient et augmentaient leurs privilèges. Les villes, pour protéger leur commerce, revendiquaient leurs droits. La barrière de l'océan permit de réaliser en Angleterre ce régime libéral qui répondait tout ensemble aux instincts et aux intérêts de la nation. Sur le continent, le pouvoir exécutif eut toujours une importance capitale ; dans les îles bretonnes, où régnait la sécurité à l'égard des voisins, on n'était obligé ni de tenir prêtes sous les armes des armées permanentes, ni même de contracter des alliances durables. On n'intervenait dans les querelles internationales qu'à son gré et à son heure ; le pouvoir exécutif devait donc finir par se subordonner au pouvoir délibérant. Ni les guerres extérieures, ni les guerres civiles ne menaçaient sérieusement la liberté. Point d'invasion à craindre. En France, les luttes contre l'étranger donnaient aux souverains

Alfred Fouillée

un empire croissant et irrésistible, d'autant plus que, pendant huit siècles, la France fut gouvernée par les diverses branches d'une seule et même dynastie, éminemment nationale. Pour les souverains anglais, au contraire, souvent étrangers et suspects, représentants de dynasties toujours changeantes, — Normands, Angevins, Lancastre, Tudor, Stuart, Orange, Hanovre, — les guerres devenaient, comme l'a bien montré M. G. Monod, une cause de dépendance vis-à-vis de leurs sujets. Ne pouvant exiger des subsides au nom d'un danger immédiat, ils étaient obligés d'en solliciter pour soutenir leurs prétentions plus ou moins lointaines au delà des mers. De là, entre sujets et souverains, des marchés en bonne forme. S'agit-il de conquérir les libertés publiques, où les Anglais ont bien vite reconnu la sauvegarde de leurs propres intérêts, ils s'y appliquent avec la même persévérance et la même méthode qu'à l'extension de leurs affaires personnelles. Ce sont de véritables contrats que les villes signent avec le roi, pour obtenir le privilège de certains droits nettement définis. Dès qu'un progrès politique a été accompli, on le constate par un écrit formel, on le consacre par une charte, qui passe sous silence les principes, mais stipule exactement les moindres détails de l'affaire. Même dans la guerre des Deux-Roses, si les villes se rangent sous le drapeau d'York ou sous celui de Lancastre, c'est d'après leur clientèle et leurs intérêts commerciaux. Les guerres civiles pouvaient, en Angleterre, durer plusieurs années sans provoquer l'intervention d'un voisin ; la rébellion intérieure n'était donc pas, comme sur le continent, un crime contre la patrie même ; la complicité volontaire ou involontaire avec un ennemi du dehors ne compromettait pas la liberté de la nation. Grâce à toutes ces circonstances, loin d'abandonner peu à peu leurs droits devant la royauté (ce que durent faire les peuples du continent), les Anglais ont pu les conserver et les développer. Plus heureux que les anciens Romains, ils ont pu s'enrichir sans se corrompre, sans se diviser, sans compromettre leur liberté, sans avoir besoin de dire comme les Romains de Shakspeare eu présence de Brutus : « Faisons-le César. »

Après l'établissement des libertés constitutionnelles et du régime parlementaire, le second fait important dans l'histoire do l'Angleterre est l'expansion coloniale. « L'Angleterre, dit Green,

Section III

à partir du XVIIIe siècle, enfante des nations. » Les progrès de l'industrie et du commerce ont forcé l'Angleterre à agrandir indéfiniment son domaine. L'esprit national s'est élargi au delà des limites de la Grande-Bretagne. Les Anglais sont même arrivés à cette idée que, n'importe où sous le soleil, des hommes peuvent se faire leur patrie. Tandis que la fortune financière de la France repose sur l'épargne, celle de l'Angleterre a surtout pour principe l'extension des besoins, qui exige un double travail en vue d'une double production. De là, cette expansion indéfinie de l'activité individuelle ; de là aussi l'expansion de la vie coloniale. « Pour le Français, le *far-west*, c'est Paris. » Dans l'histoire des Anglais, l'Angleterre proprement dite n'occupe qu'une place restreinte. Encore aujourd'hui, outre qu'elle détient l'Egypte, l'Angleterre pousse ses troupes, d'une part, à travers le Soudan égyptien, de l'autre vers le Soudan de Tchad ; dans le Sud, elle soutient les entreprises les plus aventureuses ; de trois points différents, elle semble ainsi marcher, par une action convergente, à la conquête de toute l'Afrique. Elle n'oublie pas non plus la Chine. Ce qui a fait dire avec raison qu'on se pressait un peu trop d'annoncer la « fin de Carthage. »

Le troisième grand événement de l'histoire anglaise est le triomphe du protestantisme, où on a voulu voir un trait de race. En réalité, ce triomphe tint à bien des causes ; la politique y a joué un grand rôle. Si les Celtes d'Irlande ont repoussé la Réforme, les Celtes du pays de Galles ne l'ont-ils pas embrassée avec ardeur ? N'est-ce pas en Écosse que presbytériens et puritains ont abondé ? De même, si l'Allemagne s'est faite en grande partie protestante, ne voyons-nous pas le catholicisme se maintenir non seulement en Autriche, mais en Bavière, en Westphalie, dans les pays du Rhin, tout comme dans la Belgique ? Malgré cela, on doit admettre une affinité générale entre l'individualisme anglo-saxon et une religion qui repose avant tout sur la conscience individuelle.

Le sens religieux est un des traits de l'âme anglaise ; l'habitude de rentrer en soi par la réflexion, la tournure d'esprit souvent morose et triste qui fait sentir le néant des choses humaines, la poésie tout intime et profonde qui ouvre un monde supérieur, enfin et surtout l'idée de la règle et de la loi, qui trouve son soutien dans la foi à un législateur des âmes, toutes ces raisons étaient favorables à l'essor

Alfred Fouillée

du sentiment religieux. Mais ce sentiment ne s'est point traduit, en général, par la mysticité vague si fréquente en Allemagne. Il ne s'est pas non plus tourné en métaphysique panthéiste : l'absorption dans le grand Tout, dans l'Unité universelle, n'est pas le fait de l'Anglais individualiste. En outre, grâce à l'esprit pratique de la nation, la préoccupation religieuse a pris plutôt la forme morale que la forme métaphysique. Le sens du divin et le sens de l'utile, qui semblaient d'abord contradictoires, ne font plus qu'un. La religion est l'intérêt suprême, bonheur et paix spirituelle ; en même temps elle est la première des nécessités sociales, la plus respectable des traditions de la patrie. L'Anglais ne s'ingénie pas au même degré que l'Allemand pour trouver dans les dogmes religieux les symboles de vérités profondes ; mais il y voit la charte de la moralité privée et publique. Aussi toutes les associations religieuses de l'Angleterre aboutissent-elles à des résultats utiles : fondations d'écoles, qu'on s'efforce de rendre confessionnelles, institutions de bienfaisance, de propagande intellectuelle et morale, parfois même commerciale et coloniale. Tout se mêle en ces esprits tendus vers l'application pratique. L'incrédulité même n'est pas pour eux une affaire de pure vérité spéculative : en niant comme en affirmant, on poursuit un but, on veut être utile et réaliser une œuvre.

Les formes extrêmes de la religion protestante dans la Grande-Bretagne sont l'anglicanisme et le puritanisme. L'église anglicane, une des plus riches corporations du monde, est un protestantisme officiel, qui a conservé la hiérarchie romaine et la pompe du culte ; elle reste ainsi à moitié chemin entre l'esprit du catholicisme et celui de la Réforme. Quant au puritanisme, deux traits de la physionomie anglaise y sont visibles. On l'a justement défini l'excès de l'esprit individuel se manifestant dans l'éducation de la conscience, en d'autres termes, l'exaltation de l'individualisme dans la sphère morale. Mais il faut y joindre un certain formalisme rigide qui le distingue du fanatisme allemand et en fait quelque chose de britannique. Au moment même où on revendique « l'esprit » dans toute sa liberté individuelle, on reste encore esclave de la « lettre, » esclave aussi du groupe dont on fait partie. Un Anglais, a dit un Allemand, peut bien être alliée, mais à la condition de faire partie d'une église d'athées. Heine, dans une de ses boutades impertinentes, a dit que « le plus stupide Anglais peut

Section III

parler avec sens de politique, » mais que, si on discute religion, « il est impossible d'extraire autre élusse que non-sens de l'Anglais le mieux instruit. » M. Pearson lui répond : ce n'est point que l'Anglais soit étranger au mouvement accompli dans le monde entier par la pensée spéculative, mais il résiste délibérément au désir d'explorer de nouvelles régions et d'ébranler certaines croyances acceptées ou acceptables. Les résultats de la critique biblique en Allemagne n'ont été tolérés en Angleterre que quand ils avaient été tellement dépassés dans leur contrée native qu'ils apparaissaient comparativement comme conservateurs.

Tradition et progrès, liberté religieuse, liberté politique, mais avec toutes les transitions et gradations que réclame le respect de la coutume, telle est en tout et partout la méthode anglaise. Tennyson a bien résumé l'histoire et le caractère de son pays quand il a dit, dans une poésie vraiment britannique :

C'est la terre que travaillent des hommes libres,
Qu'a choisie la Liberté sobrement poursuivie,
La terre où, devant ses amis ou adversaires,
Un homme peut dire ce qu'il veut ;
Une terre de gouvernement bien établi,
Une terre de juste et vieux renom.
Où la Liberté va s'élargissant lentement,
De précédent en précédent ;
Où la faction rarement lève la tête,
Où, par degrés amenée à sa plénitude,
La force de quelque pensée diffusive
A le temps et l'espace pour agir et se répandre.

Section IV

La langue anglaise a subi l'influence franco-romane. Il y a dans le vocabulaire anglais deux fois plus de mots d'origine française ou latine que d'origine germanique. Dans le dictionnaire étymologique de Skeat, ce sont les étymologies romanes qui occupent le plus d'espace. Au lieu de rester enchevêtrée comme l'allemande, la langue anglaise s'est pénétrée de logique et de clarté

Alfred Fouillée

relative, surtout dans la prose ; elle est devenue plus pratique, plus apte en quelque sorte à l'action et à l'action utile. L'Anglais a négligé toutes les terminaisons pour s'en tenir à l'essentiel du mot, qui est le radical ; il a pratiqué une sorte d'utilitarisme en grammaire. Pour la syntaxe, il a montré le même esprit logique que les Français et parfois il a simplifié encore plus qu'eux. Au reste, si puissant et varié que soit le génie de la langue anglaise, il n'a pas cette ténacité et cette portée que l'allemand, raide et obscur, doit à sa haute origine ; il n'a pas non plus cette souplesse, cette flexibilité, cette transparence, ces grâces vives et légères que le français semble devoir à l'esprit celtique et méditerranéen.

Combinez les deux tendances dano-saxonne et celtique, joignez-y l'influence latine exercée par la France et par l'Italie, et vous comprendrez comment a pu naître, comment a pu se développer en Angleterre la plus grande poésie des temps modernes. Elle est par excellence lyrique et dramatique. L'individualisme intense du Germain devait produire, chez l'Anglo-Saxon, l'habitude de réfléchir sur soi, de nourrir et d'exalter ses sentiments dans la solitude de la pensée, d'aller si au fond de sa joie ou de sa peine que la peine finit par se retrouver sous la joie, comme le « je ne sais quoi d'amer » au fond de la coupe. Dans les plus vieilles chansons d'Angleterre, ce qui frappe surtout, après la férocité, c'est le ton douloureux et triste, le mélange d'humeur guerrière et d'humeur contemplative, de chants de triomphe et de lamentations désolées ; c'est aussi le sentiment de l'insondable nature et de l'insondable destinée. Dès l'origine, le Saxon fait un retour mélancolique sur la vie humaine, il en compare les courtes joies à l'oiseau qui, dans les festins d'hiver, traverse la salle à tire-d'aile et ne sent plus l'orage : « mais l'instant est rapide, et de l'hiver l'oiseau repasse dans l'hiver. » Le sentiment religieux est, comme l'a fait voir M. Jusserand, plus profond dans les poésies saxonnes que dans les chants celtiques. Plus grandiose aussi est l'attitude du moi solitaire, concentré en ses pensées ; plus exclusif enfin l'amour du foyer, où c'est encore le moi qui se multiplie lui-même et jouit de soi en autrui. L'expression naturelle de telles âmes, c'est le chant lyrique, où vibrent et s'amplifient tous les tressaillements de l'être intime. Le moi finit par retrouver en lui-même le monde entier ; la nature extérieure lui devient intérieure :

Section IV

A piece and conterminous to his soul.

Mais c'est surtout dans le drame que la poésie anglaise devait se montrer supérieure. Les Germains n'avaient pas l'esprit dramatique ; les Anglais l'ont eu, grâce à l'influence celto-latine, grâce surtout à ce génie de l'action qui, chez eux, complète le génie de la méditation. Au siècle d'Élisabeth, l'influence naturaliste de l'Italie et de la France se mêle à l'influence religieuse et morale du puritanisme ; l'esprit de l'antiquité classique et celui du christianisme se rencontrent. Dans Shakspeare, l'immensité du champ de la vision est telle que le poète conserve, au milieu des horreurs tragiques, une sorte de sérénité intellectuelle.

Le drame anglais n'a pas pour objet principal, comme la tragédie antique, une action qui se développe, une destinée qui s'accomplit, avec des personnages dont le caractère, restant à l'état d'esquisse, n'offre que les traits généraux de l'humanité. Ce n'est pas non plus l'analyse de quelque passion générale incarnée dans un homme, comme nous en présente la tragédie française avec le Cid, Chimène ou Phèdre. Le caractère individuel, voilà pour l'individualisme anglais l'objet propre de la poésie dramatique. Mais, ici encore, une distinction est possible ; l'âme personnelle peut être représentée ou dans les phases successives de sa formation intérieure, ou dans son action extérieure sur un milieu réel. La première espèce de drame est surtout allemande ; c'est celle qu'ont adoptée les poètes philosophes, les Gœthe et les Schiller, qui se plaisent à décrire l'évolution d'un caractère. La seconde forme du drame est surtout anglaise ; c'est celle que Shakspeare porte à sa perfection. Avec lui, caractère et action sont ramenés à l'unité et transportés dans la vie active. Sans doute Shakspeare, lui aussi, nous fait assister parfois à des formations de caractère ; mais ce qu'il représente plus généralement, c'est la manifestation progressive du caractère, déjà formé, dans les actes de la vie. Aussi ses caractères, au lieu de demeurer généraux, sont-ils dès le début fortement individualisés. Avant d'être jaloux, Othello est déjà Othello, il est l'Africain au sang de feu ; et quand il sera jaloux, il le sera à la manière d'Othello, non du candide Troïlus. Avant d'être ambitieux, Macbeth est Macbeth, et si nous assistons au développement progressif de son ambition,

Alfred Fouillée

comme nous avons assisté au progrès de la jalousie chez Othello, ce développement n'est qu'une conséquence de l'individualité propre au personnage. Quant à l'action même, elle est la dernière des conséquences, elle est la résultante de ces trois facteurs : le caractère individuel, la passion générale et humaine qui s'y est développée sous une forme particulière, enfin le milieu particulier qui a provoqué l'explosion au dehors de la passion intérieure. C'est donc bien la vie même, dans son principe et dans ses effets, que le poète nous représente ; le sens psychologique et le sens de l'action, en se réunissant et en se complétant dans l'âme anglaise, devaient engendrer le génie dramatique.

Après le drame, le roman était le fruit naturel de l'esprit anglais. N'exige-t-il pas, lui aussi, et le sens psychologique des caractères et le sens pratique des actions qui en résultent ? La vie réelle, observée avec amour, sans grossissement ni rapetissement systématique, la manifestation d'âmes individuelles au sein d'un milieu dont elles subissent l'action et sur lequel elles réagissent, la solidarité de chaque individu et du groupe dont il fait partie, la complexité croissante des sentiments et des passions, les actes qui en résultent, l'enchaînement nécessaire de ces actes avec leurs conséquences heureuses ou malheureuses, la moralité qui se dégage ainsi de la vie même, tel est l'objet du réalisme anglais, — réalisme profond et sincère dont le principe n'est pas l'indifférence intellectuelle, mais la sympathie morale. On peut d'ailleurs étendre la même caractéristique à l'ensemble de la littérature anglaise ; c'est une littérature non d'artistes, mais de psychologues et de moralistes. Ces génies réfléchis et peu sensuels n'ont point, comme les néo-Latins, le culte de la forme pour la forme ; ils cherchent le fond et, sous les apparences, l'être intime des choses. Quand ils l'ont atteint, ils s'efforcent de nous en donner la même perception exacte et vive. Ils n'éprouvent pas, par goût de symétrie et de belle ordonnance, le besoin d'épurer la réalité, de la simplifier, de la proportionner pour l'ennoblir ; peu sensibles aux dehors et aux décors, ils voient et nous font voir les choses telles qu'elles sont, complexes, irrégulières, parfois pleines de contradictions apparentes, en un mot naturelles. Mais par cela même que, dans leur aversion pour le dilettantisme esthétique de quelques néo-Latins, comme aussi pour la spéculation pure des Germains, ils sentent profondément le sérieux de la vie, du même coup ils saisissent la moralité inhérente à la vie. La littérature allemande est celle de philosophes spéculatifs ; la littérature anglaise est celle de philosophes pratiques qui ne séparent pas l'observation de l'action même.

Dans la morale anglaise, nous retrouvons le même esprit. Pas de lois s'imposant d'avance, pas d'impératif catégorique édictant ses commandements du haut d'un Sinaï intelligible. Chacun cherche son plus grand bien : tel est le point de départ, tout individualiste ; et ce bien, exclusivement apprécié au point de vue de l'expérience, ne peut être que le bonheur. Mais, d'autre part, le bonheur n'est complet que dans l'association ; ce qui change l'intérêt individuel en intérêt collectif : voilà le point d'arrivée. Les conditions de la moralité et celles du droit sont généralement représentées sur le modèle de la société anglaise ; si elles sont généralisées par quelque esprit plus synthétique, elles deviennent les conditions de l'évolution de la vie, ou, en d'autres termes, les moyens par lesquels l'individu s'adapte à son entourage. Au delà, pour les besoins supérieurs de l'esprit et pour les aspirations de la poésie intérieure, s'étend la sphère de l'inconnaissable, qui est celle de la religion. Mais science et religion resteront à côté l'une de l'autre sans se confondre ; l'une demeurera toute positive, l'autre sera une foi individuelle ou collective. L'esprit anglais n'éprouve ni le besoin de supprimer, par une logique à outrance, le second terme du problème ultime, ni le besoin de ramener, par un effort de métaphysique transcendante, les deux termes à une foncière unité : il s'oppose ainsi tout ensemble à l'esprit français et à l'esprit allemand.

Section V

Nous venons de rendre assez justice aux qualités psychologiques et morales des Anglo-Saxons pour avoir le droit d'ajouter qu'elles sont loin d'être la cause unique des succès de l'Angleterre. Celle-ci a profité des circonstances toutes matérielles qui étaient à son avantage, des « accidents heureux » dont parle Darwin. Ce n'est pas la moralité anglaise qui fait que, quand on découvrit les emplois industriels de la houille, l'Angleterre était précisément la terre la plus riche en mines de houille. Ce n'est pas la moralité anglaise qui

Alfred Fouillée

mit les Îles Britanniques à l'abri de toute crainte sérieuse d'invasion et les dispensa de grandes armées ; c'est la « ceinture d'argent » que leur a faite la mer. Ce n'est non plus la moralité anglaise qui, comme le croit M. Demolins, a fini par rendre la Grande-Bretagne pacifique, mais c'est l'intérêt industriel et commercial. Si l'Angleterre n'entretient qu'une petite armée, elle n'en dépense pas moins énormément pour ses soldats ; de plus, elle accroît sans cesse une flotte formidable, qui lui coûte près de 700 millions par an.

Enfin, si l'Angleterre est aujourd'hui « stable et progressive, » si elle accomplit son évolution sans révolutions, elle fut jadis comparable au continent pour le despotisme des rois, pour la servilité et la vénalité du peuple ; et n'est-ce pas la Révolution anglaise qui, la première, donna l'exemple d'une nation décapitant son souverain ? Nulle part la lutte pour l'existence n'a été aussi féroce que dans la Grande-Bretagne, et ce fut même une des sources principales de l'énergie anglaise. Toutefois, cette lutte est relativement récente. Au XVIe siècle Meteren déclarait les Anglais « aussi paresseux que les Espagnols. » L'ambassadeur de Venise, André Trevisano, Nicander, Nucius, Borde, Lely, ne font aucune mention de l'*industrie* parmi les traits du peuple anglais. Le laboureur même existait à peine au XVIe siècle, la plus grande partie de la Grande-Bretagne étant en pâturages ; d'autre part, l'Angleterre doit ses manufactures à des colons flamands. Les deux classes les plus habituées au travail régulier n'avaient donc en ce temps-là que peu de représentants.

En fait, les Anglais étaient alors, comme les Espagnols, prêts à toutes les aventures, capables d'endurer les plus grandes peines, explorateurs et corsaires incomparables, mais peu disposés à l'industrie régulière, où brillaient Allemands et Flamands [3]. Deux siècles après, Holberg déclarait encore que les plus grands exemples d'indolence humaine se trouvaient dans la classe pauvre d'Angleterre ; mais il ajoute que les meilleurs exemples de travail appliqué sont parmi les aventuriers et marchands anglais [4]. Ce sont les progrès de l'industrie qui généralisèrent les habitudes de labeur et en même temps de probité. « Si l'Anglais est pauvre, disait Fortescue il y a quatre cents ans, et qu'il voie un autre posséder des richesses qu'il puisse lui enlever par la force, il ne pourra s'empêcher de le faire [5]. »

Section V

La race des Anglais, d'une part, la race des Florentins, de l'autre, se sont peu modifiées depuis le XIVe siècle : nulle invasion étrangère n'a eu lieu en Italie ou dans la Grande-Bretagne ; comment donc le Latin était-il actif il y a cinq cents ans et l'Anglo-Saxon inerte ? Encore plus tard, au XVIIIe siècle, quel est le tableau que les historiens tracent de l'Angleterre ? Mœurs grossières en haut et en bas ; criminalité effrayante, inutilement réprimée par une législation féroce ; Londres livrée la nuit, par l'insuffisance des *watchmen*, aux fantaisies sanguinaires des *mohocks*, bandits dont le masque cache « plus d'un noble désœuvré ; » domesticité voleuse ou mendiante, insatiable de « bonnes mains ; » intrigants vivant dans le jeu et la débauche ; ivrognerie du vin de Porto dans les classes riches ; chez les pauvres, ivrognerie du gin et des autres liqueurs fortes ; mariages sans garantie et parfois simulés ; spectacles immoraux et cruels, littérature la plus immorale de l'Europe [6]. » Au XIVe, au XVIe et au XVIIIe siècle, les Anglais étaient pourtant les mêmes « dolicho-blonds » qu'ils sont aujourd'hui ; ils avaient aussi le même tour de volonté opiniâtre, les mêmes tendances « individualistes ; » d'où vient donc, comme le demande M. Novicow, qu'ils avaient à cette époque tant de défauts, dont ils se sont débarrassés en très grande partie, et qu'ils manquaient alors de tant de qualités qu'ils possèdent maintenant ?

La crise morale et la rupture d'équilibre dans les consciences n'est pas particulière à notre pays : elle existe aujourd'hui en Angleterre comme en France. Quant au sentiment religieux, jadis si intense, il va diminuant en Angleterre comme ailleurs. Le protestantisme libéral tend à s'absorber dans la philosophie pure. M. Hamerton cite des exemples de *clergymen* anglicans qui ne croient ni à une déité pensante et consciente, ni à l'immortalité véritable de l'âme, et qui cependant concilient la religiosité avec cette extrême liberté d'interprétation. C'est dans le domaine religieux, selon M. Hamerton, que l'Anglais, ordinairement sincère, peut mériter le reproche d'une certaine hypocrisie, surtout de la part des nations qui, comme la nôtre, ne veulent admettre aucun milieu entre croire et ne pas croire. La franche incrédulité va d'ailleurs en augmentant. En 1851, on avait entrepris le recensement des fidèles; on trouva qu'un tiers seulement suivait, avec plus ou moins d'assiduité, les exercices du culte ; les deux tiers s'abstenaient totalement [7].

Alfred Fouillée

Parmi les vrais fidèles, ce sont les dissidents qui montrent le plus de ferveur ; si la religion officielle possède encore aujourd'hui la majorité des croyants. il est probable que, dans une trentaine d'années, il n'en sera plus de même. Le nombre des incrédules, d'une part, des dissidents, d'autre part, l'emportera énormément.

La criminalité n'augmente pas en Angleterre autant qu'en France, grâce à un meilleur équilibre social, à un sentiment plus intense de la responsabilité individuelle et collective, du respect qu'on se doit à soi-même et aux autres, grâce enfin à la sévérité du gouvernement pour tout ce qui touche non plus aux opinions ou aux actes politiques, mais aux mœurs, justement considérées comme le fondement inviolable de la liberté publique. Dans les années 1868, 1869, 1870, l'Angleterre comptait, par 100 000 habitants, 46 malfaiteurs de moins de seize ans ; en 1893, elle n'en comptait plus que 14. Il est possible qu'on ait condamné moins d'enfants à la prison. Pourtant, les maisons de correction, qui avaient en 1864 4 286 enfants, n'en avaient en 1894 que 5 187, c'est-à-dire 24 pour 100 de plus, alors que la population s'était accrue de 40 pour 100. Quant aux enfants fouettés après juridiction sommaire (peine préférée pour les fautes les moins graves), il était de 3000 en 1892 et est tombé à 2 583 en 1895.

Malgré ces chiffres favorables, on a contesté qu'il y eût vraiment baisse de la criminalité en Angleterre. Selon M. Morrison, aumônier des prisons et criminologiste de premier ordre, « c'est une habitude aujourd'hui, chez les optimistes officiels et les politiciens, de persuader au peuple que le crime décroît en Angleterre, mais il est évident, pour quiconque étudie les faits, que les conditions préliminaires d'une telle diminution n'existent pas. » Le dernier recensement révèle ce fait désastreux que la population rurale a augmenté seulement de 3 pour 100 dans les dix dernières années, tandis que la population urbaine a augmenté de 15 pour 100. « Jusqu'à ce que ces chiffres soient inverses ou jusqu'à ce que quelque transformation soit effectuée dans le mécanisme de la vie des villes, il sera vain d'espérer une véritable décroissance du crime. On peut produire une apparence de diminution par des changements dans la procédure criminelle, par des adoucissements de sentences et autres procédés, mais soyez assurés que, jusqu'à ce que les causes fondamentales du mal disparaissent, le crime ne

Section V

diminuera ni en quantité ni en intensité [8]. »

On nous représente la race anglo-saxonne comme très féconde, et, sous ce rapport comme sous tous les autres, on nous la donne en modèle. Certes, on a raison de nous reprocher notre infécondité volontaire, qui est peut-être la pire forme de l'individualisme mal entendu et la plus grande menace pour l'avenir de notre nation. Mais, que la race anglo-saxonne ait aujourd'hui sa fécondité d'autrefois, rien de plus faux, malgré le préjugé. Elle est, au contraire, partout en décroissance. C'est en Angleterre et aux États-Unis que le mouvement de descente pour la fécondité est le plus accusé : la France, qui par malheur a pris ici les devants sur les autres nations, se contente d'être stationnaire.

Les idées démocratiques, avec leurs avantages et avec leurs dangers, ont envahi l'Angleterre ; le suffrage embrasse la presque universalité du sexe masculin, et l'heure est prochaine où il s'étendra aux femmes ; déjà mêlées aux affaires de la paroisse et du comté, elles le seront bientôt à celles de l'État. La Chambre des communes, élue par six millions d'électeurs au scrutin secret, sous l'antique et pittoresque appareil des *hustings*, est en réalité toute-puissante, et les Lords ne lui résistent au début que pour lui céder à la fin. Déchue de ses privilèges séculaires, privée de la protection que lui assuraient les droits sur les céréales étrangères, la propriété foncière a été mise, depuis 1846, sur le même pied que la propriété mobilière ; elle paie comme elle des droits de succession progressifs dont le taux s'élève jusqu'à 18 pour 100 et entraîne des fraudes formidables. Les conseils de paroisse, de district, de comté, élus par un suffrage presque universel auquel les femmes mêmes sont admises, ont été investis du droit d'exproprier les terres pour les relouer en détail, d'acquérir d'autres terres à l'amiable pour les morceler et les revendre à crédit. Les propriétaires d'Irlande ont été obligés de laisser le tribunal fixer à sa guise le montant de leurs fermages ; ceux d'Écosse ont été contraints de faire des concessions aux *crofters* ; ceux du royaume entier ont été forcés de tenir compte au fermier des améliorations par lui réalisées.

M. Schulze-Gœvernitz, dans son ouvrage capital *Zum socialen Frieden* (Leipsig, 2 vol., 1890), a montré quelle était la situation de l'ouvrier anglais au début du siècle : les patrons le considéraient comme une machine humaine qui doit rendre le maximum avec

Alfred Fouillée

le minimum de frais, réduisaient le salaire à ce qu'il fallait pour ne pas mourir de faim, imposaient souvent jusqu'à vingt heures de travail. Aux industriels anglais, préoccupés de produire à bas prix, Pitt adressait sa recommandation fameuse : « Prenez les enfants. » Ils n'y manquaient point. On faisait venir de loin aux ateliers des enfants de neuf ans « qu'on frappait pour les tenir éveillés la nuit ; » on recevait gratuitement des *workhouses* les petits pauvres pour les filatures ; on acceptait des paroisses une rétribution pour les débarrasser de leurs enfants indigents ; on s'engageait parfois à prendre un enfant idiot sur vingt enfants fournis, on acceptait, en un mot, « tout ce qui représentait la plus minime force musculaire [9]. »

Le résultat du nouveau régime industriel qui s'établissait alors en Angleterre et dont, heureusement, nous n'avons pas vu en France de semblables applications, menaçait la nation de dégénérescence : « La femme, mère à quinze ans parfois, et travaillant jusqu'au jour de l'accouchement ; l'adulte inapte au service militaire ; l'homme grandissant comme une brute dans l'ignorance, l'ivrognerie, la débauche, l'immoralité, au milieu des fièvres contagieuses et d'épidémies foudroyantes. » C'étaient aussi les révoltes d'un prolétariat sans espoir : « les luttes sanglantes, les réunions secrètes où la nuit on décrète le pillage ; l'industrie vivant sous l'empire du terrorisme, l'antagonisme des classes arrivé au paroxysme de la violence. » Lord Brougham résumait bien l'économie politique de cette époque et de ce pays quand il proférait cette incroyable sentence : «Toute tentative humanitaire pour élever le prolétariat est une atteinte à la loi naturelle d'assainissement qui, par l'augmentation de la mortalité, conduit à l'élévation des salaires. »

Aujourd'hui, par la vertu de la liberté et de l'esprit de solidarité, comme aussi par la sage intervention de l'État, nous assistons à la plus merveilleuse transformation. M. Giffen nous montre la région même du Lancashire, ancien réceptacle des misères et des haines, devenue l'abri de la paix sociale et le foyer de la prospérité anglaise. Le corps fortifié par une nourriture substantielle, l'esprit cultivé par la fréquentation des cours, des musées, des bibliothèques, le cœur formé par la vie de famille, l'ouvrier d'il y a soixante ans est devenu physiquement et intellectuellement, disait déjà Robert Kettle en 1870, « un type hautement progressif de l'humanité. » L'ouvrier anglais actuel est celui qui, en Europe, touche les plus forts salaires; il a les journées de travail les plus courtes, neuf heures et souvent huit heures; mieux logé, mieux nourri, mieux vêtu, il peut, en dépensant la même somme que jadis, acquérir plus de choses : la mortalité a diminué, l'âge moyen s'est élevé, la criminalité est moindre relativement, la vie s'est régularisée [10]. Et ce n'est pas au socialisme, au collectivisme qu'il doit ses progrès : c'est à la liberté même et à l'association, ainsi qu'au sentiment du devoir social. « Rebelles à la contrainte, les Anglais, fidèles au principe du libre concours des citoyens dans le groupement des intérêts, ont fait appel au ressort moral, et ont donné le spectacle d'une évolution régulière et continue des inférieurs vers l'indépendance [11]. » Depuis 1875, l'organisation ouvrière, affranchie, est légalement reconnue, et la classe ouvrière a une situation équivalente à celle des autres classes.

En Allemagne et en Autriche, le mouvement de réforme sociale part d'en haut. Le pouvoir cherche à reconstituer des organismes corporatifs, sous l'action et le contrôle de l'Etat. La législation allemande sur les assurances, dit M. Prins, a le grand avantage de comprendre l'ensemble de la population ouvrière, mais elle a le défaut de ne pas couvrir le risque du chômage et d'abandonner l'individu à l'autorité ; le système anglais a l'avantage de pouvoir couvrir tous les risques d'assurance, y compris le chômage, et de faire appel à la spontanéité morale de l'homme ; il a le défaut de n'englober encore que 2 millions d'ouvriers sur 6, c'est-à-dire une minorité d'élite, d'ailleurs considérable, et qui ira grossissant.

En Angleterre, l'industrie cotonnière emploie un peu moins d'un quart d'ouvriers adultes, et l'industrie lainière un peu moins d'un tiers ; mais, sans que la loi ait stipulé rien de précis, les ouvriers adultes profitent, par la force des choses, de la protection accordée par la loi aux femmes et aux enfants, parce qu'ils ne peuvent pas travailler sans leur aide. Aussi l'Angleterre est-elle, comme nous l'avons dit, le pays d'Europe où les salaires sont le plus élevés et la journée de travail la plus courte.

Là où jadis l'État s'abstenait, il intervient aujourd'hui, il interviendra demain davantage. La législation sociale réglemente jusque dans les plus minutieux détails l'hygiène et la tenue des ateliers; les administrations centrales contrôlent, à l'aide d'inspecteurs, le fonctionnement des pouvoirs locaux et l'application des lois qui

Alfred Fouillée

régissent le travail [12]. M. Spencer a beau déplorer l'invasion du
« socialisme d'Etat, » elle se produit en Angleterre comme ailleurs,
grâce à la complexité croissante des relations économiques et à
la puissance croissante de l'action collective, à la difficulté et à la
nécessité d'assurer aux travailleurs un peu de justice sociale. Tout
cela fait gémir le vieil individualisme britannique. « Ma foi dans les
institutions libres, a écrit récemment Spencer, si forte à l'origine,
s'est vue considérablement diminuée. Nous reculons vers le régime
de la main de fer, représenté par le despotisme bureaucratique
d'une organisation socialiste, puis par le despotisme militaire qui
lui succédera, si toutefois il ne nous est brusquement apporté par
quelque krach social. » La loi des pauvres était déjà l'affirmation
du droit de chaque homme à se faire soutenir par l'Etat dans la
dernière extrémité. Aujourd'hui l'État se charge de résoudre une
foule d'autres questions auxquelles il était étranger. « L'Anglais a
changé sa foi à l'entreprise privée en une foi dans l'organisation
d'État [13]. » Dans l'Australie et la Nouvelle-Zélande, les Anglo-
Saxons deviennent socialistes d'Etat autant que le deviennent
les Germains d'Allemagne. Il en résulte, comme l'a montré M.
Pearson, une modification plus ou moins rapide des caractères ;
l'individualisme énergique et entreprenant de l'ancien Anglais
fait place peu à peu à la foi dans le gouvernement ; au lieu de ne
compter que sur soi, on compte de plus en plus sur tous.

Malgré les lentes modifications et perturbations que nous avons
constatées, le caractère anglais, plus que tout autre, a conservé son
unité. Les éléments ethniques qui ont contribué à sa formation
s'accordaient tous en un point : l'énergie, la hardiesse et la constance
de la volonté ; Bretons, Germains ou Normands étaient aussi
aventureux et aussi opiniâtres les uns que les autres. Entraînés dans
le même courant historique, ils se sont parfaitement fondus. On a
souvent comparé les Anglais aux anciens Romains pour la trempe
du caractère : même respect des institutions, même aptitude à
les changer lentement et sans secousses, même capacité à régir
les peuples et à fonder des colonies : *Tu regere imperio populos,
Roinane, memento* [14]. L'unité du caractère anglais a entraîné, comme
conséquence, l'unité et l'énergie extraordinaire de l'esprit public.
Quelle « âme de peuple » a un moi plus fort, plus impérieux, plus
exclusif, plus retiré en soi ? Aux yeux des Anglais, dit Taine, qui les

Section V

a si profondément étudiés, il n'y a qu'une civilisation raisonnable, la leur ; toute autre morale est inférieure, toute autre religion est extravagante. De sorte que, pourrait-on ajouter, l'Anglais est doublement personnel, d'abord comme individu, puis comme membre de la plus individualisée des nations. Dès que l'intérêt national est en jeu, toutes les dissensions cessent, il n'y a plus qu'un seul homme, un seul Anglais, qui ne recule devant aucun moyen et se montre prêt à tout : la morale se réduit alors pour lui à un seul précepte : sauvegarder n'importe comment l'intérêt anglais. Nul peuple n'est plus froid, plus méthodique, plus tenace dans sa politique ; nul ne laisse au sentiment moins de place.

Le défaut de l'esprit anglais, qu'il reste isolé dans son individualisme ou associé en groupes plus ou moins étroits, c'est le manque d'universalité, soit dans les sentiments, soit dans les idées. « Véritables insulaires, dit M. Green, nous sommes incapables de comprendre d'autres races. » L'Anglais a beau s'associer de mille manières, il n'est pas universellement sociable. Certes, il le devient de plus en plus, et, depuis un siècle, il y a sous ce rapport un progrès sensible : « Les Anglais, dit M. Hamerton, se font plus tolérants et plus ouverts, en même temps que les Français gagnent en sens pratique et en prudence. » Le jugement de Kant, exact pour son temps, comporterait aujourd'hui des restrictions et surtout des compléments nécessaires. Il y reste pourtant un fond de vérité.

Admirable par sa poésie et sa littérature, comme par son mouvement scientifique et philosophique, incomparable par son industrie, son commerce et son expansion coloniale, comme par son entente des conditions pratiques du gouvernement libre, l'Angleterre n'a pas fait peut-être, pour l'élévation du genre humain tout entier, ce qu'ont fait l'Italie, la France, l'Allemagne ; elle se soucie peu de faire triompher au dehors les vérités qu'elle a pu découvrir : la propagande en faveur des « principes » n'est point son fait. Mais elle a donné au monde un merveilleux exemple de liberté et d'activité, et les exemples valent souvent les préceptes. M. de Bismarck a prétendu que, dans notre Europe, tout ce qui est germain est l'élément mâle ; douceur, générosité, bonté, ce sont à ses yeux choses féminines. Est-ce bien sûr, et d'ailleurs les sexes ont-ils ici quelque chose à voir ? La vérité est qu'il y a des peuples de tête et des peuples de cœur ; tous sont nécessaires à

Alfred Fouillée

l'humanité. Si la personnalité est une force, l'impersonnalité en est une ; si le sens pratique a son prix, la générosité a le sien, et ses apparentes folies sont parfois sa sagesse. Certains peuples ont été épris d'un idéal universel et humain ; l'Angleterre a préféré mettre en pratique, pour la grandeur et l'expansion de sa propre race, la fière parole qu'une cité anglo-saxonne a inscrite sur ses armes : « Je veux, *I will.* »

Pour certains admirateurs contemporains de l'Angleterre, les Anglo-Saxons ne seraient rien moins qu'une variété supérieure de l'espèce humaine, soit au point de vue de l'anthropologie, soit à celui de la psychologie ; et on voudrait transplanter chez nous les qualités anglaises, les institutions anglaises, les mœurs anglaises, l'éducation anglaise. N'est-ce point, comme on l'a dit, ressembler à ces enfants qui plantent dans leur jardin des fleurs « sans leurs racines, » et s'étonnent ensuite de les voir fanées ? Sous la Restauration, on s'écriait avec Villèle : transportons en France une aristocratie de grands propriétaires terriens ; sous le gouvernement de Juillet, avec Guizot : copions les parlementaires ; sous le second Empire, avec Le Play : empruntons la décentralisation et les libertés locales ; aujourd'hui : imitons l'individualisme anglais, cultivons le moi, soyons volontaires, soyons forts ! Tout sera sauvé si nous devenons des Anglo-Saxons, c'est-à-dire des hommes ayant la vigueur musculaire et l'amour du sport, la volonté énergique et l'esprit d'entreprises lointaines. Selon le mot du philosophe anglais : « Soyons de beaux et bons animaux ! » Autrement dit : Imitons précisément ce qui est inimitable, imitons les qualités natives du tempérament héréditaire ! Chose presque aussi logique que de dire : — Ayons une taille de 1 m. 80, un indice céphalique de 74, et amenons 100 au dynamomètre. Ce qu'il faut imiter de l'Angleterre, c'est son effort constant pour se perfectionner elle-même sans rompre brusquement avec son passé. Au lieu de nous écrier : « — Soyons Anglo-Saxons, » il serait plus sage de dire : — Développons nos qualités propres et luttons contre nos vices. Luttons contre la stérilité volontaire, contre l'alcoolisme, contre la criminalité montante, contre la presse licencieuse et diffamatoire, contre le scepticisme sous toutes ses formes, contre le matérialisme de la pensée et de la vie ; opposons à l'individualisme mal compris le sentiment du devoir social ; en un mot, relevons la moralité

Section V

privée et publique, qui est la même pour les Latins, les Celtes et les Anglo-Saxons.

Notes

1. M. Sarolea, Études de philosophie et d'histoire.

2. Voir : Frankreich und die Franzosen in der zweiten Hälfte des XIX Jahrhunderts. — Italian Relation of England. — Max Leclerc, l'Éducation en Angleteerre ; A. Colin, 1894.

3. Voir Motley, United Netherlands, I, 291, — Pearson, National life and character, 99. — G. Monod, Essais d'histoire et de critique.

4. Betænkning over nogle Europaeiske Nationer, s. 232.

5. Monarchy, ch. XIII.

6. Histoire générale, Paris, Colin, 1896. t. VII, p. 862-873.

7. La ville de Londres est d'ailleurs tellement grande et les temples sont relativement si peu nombreux qu'il est impossible au peuple, le voulût-il, de s'y montrer assidu.

8. Juvenile offenders, 1898.

9. Giffen, The Progress of the Workinq classes ; Londres, 1881.

10. Giffen, ibid. — Prins, l'Organisation de la liberté, p. 23.

11. Prins, ibid., 149.

12. Voir le Développement de la constitution et de la société politique en Angleterre, par M. Boutmy.

13. Pearson, Life and character.

14. M. Le Bon a fort justement insisté sur cette analogie du caractère anglais avec le caractère romain, — ce qui ne l'empêche pas de vouloir ensuite établir des différences infranchissables entre les Anglo-Saxons et les soi-disant peuples latins.

ISBN : 978-1544217703

Alfred Fouillée

www.ingramcontent.com/pod-product-compliance
Lightning Source LLC
Chambersburg PA
CBHW072025280526
45788CB00007B/2674